El trabajo es una esclavitud

Primera edición, octubre de 2025

EL DESVELO EDICIONES

Javier Fernández Rubio, director

Editorial Almuzara, S. L.
Parque Logístico de Córdoba
Ctra. Palma del Río, km 4
C/8, Nave L2, módulos 6-7, buzón 3
14005 - Córdoba
(+34) 957 467 081

eldesvelo@almuzaralibros.com
almuzaralibros.com

Textos de referencia, «*Qui fait la soupe doit la manger*», Auguste
Blanqui, 1834; «*Das Programm der Blanquisten*», Friedrich Engles,
Der Volksstaat, nº 51, 1874; «Carta a Friedrich Bolte», Karl Marx,
1871, Marx/Engels Collected Works, vol. 44

Imagen de cubierta: Bengala Occidental (India), 1900.
Una mujer de etnia sikkimesa carga a sus espaldas a un británico.

ISBN: 979-13-87799-24-3
IBIC: JPFC, JPWQ, 1DDF
THEMA: JPFC, NHTV, 1DDF
Depósito Legal: CO-1625-2025
Impreso en España-Gráficas La Paz

Louis Auguste Blanqui, por Eugène Appert, 1881.

El trabajo es una esclavitud

Un texto esencial del socialismo revolucionario de Auguste Blanqui comentado por Marx y Engels

El Desvelo
EDICIONES

1. INTRODUCCIÓN

AUGUSTE BLANQUI
LA CONSTANCIA DE LA INSURRECCIÓN

El texto de Louis Auguste Blanqui que puede leerse a continuación («Quien haga la sopa que se la coma») permite devolver a la palestra no solo un manifiesto ilustrativo del socialismo revolucionario, sino el debate que a finales del siglo XIX vivió con intensidad este entre diversas formas de entender el camino que conduciría a la dictadura del proletariado y la erradicación de las clases sociales.

Al socaire de los acontecimiento que eclosionaron en la insurrección de la Comuna de París (1871), arreció la polémica entre blanquistas y la corriente liderada por Karl Marx y Friedrich Engels. Si los primeros propugnaban el asalto al poder por medio de una vanguardia que tomaría las riendas del Estado, Marx y Engels propugnaban, por contra, un movimiento insurreccional de clase social, colectivo, con el objetivo último de la propia disolución de las clases sociales. En su táctica, también eran diferentes: frente a la impaciencia de Blanqui, la espera por la maduración del momento de Marx y Engels.

Louis Auguste Blanqui (1805–1881) fue una de las figuras más singulares, radicales y persistentes de la tradición revolucionaria francesa del siglo XIX. Su vida entera puede leerse como un intento continuo —casi obsesivo— de conjurar la revolución mediante la acción directa y el levantamiento armado. Pasó más de la mitad de su vida en prisión por sus actividades insurreccionales y su influencia política y filosófica fue profunda, tanto en su tiempo como en las generaciones siguientes.

A diferencia de Marx o Bakunin, Blanqui no dejó una obra sistemática ni una doctrina bien estructurada. Su pensamiento político es fragmentario, práctico, pero extremadamente coherente en su núcleo: la revolución no espera, debe hacerse. Y debe hacerse desde una reducida vanguardia que se organice e imponga el cambio político por la fuerza.

Blanqui nació el 1 de febrero de 1805 en Puget-Théniers, en el seno de una familia acomodada y de tradición jacobina. Se educó en París, donde estudió derecho y medicina, pero abandonó pronto la carrera académica para dedicarse por entero a la agitación política. Desde muy joven se vinculó con círculos republicanos radicales y su pensamiento comenzó a forjarse en el fuego de las insurrecciones que marcaron la historia francesa del primer tercio del siglo XIX.

Blanqui participó activamente en la Revolución de Julio de 1830, que derrocó a Carlos X, y pronto se convenció de que los cambios políticos no llegarían por vía parlamentaria ni por concesiones burguesas. La monarquía de Luis Felipe le pareció una traición a las aspiraciones populares. En 1832 fue arrestado por primera vez y desde entonces comenzó un largo ciclo de cárcel-insurrección-cárcel que caracterizaría el resto de su vida.

La idea central del pensamiento blanquista es la creencia en la eficacia de la acción insurreccional directa, llevada a cabo por una minoría organizada y decidida. A diferencia del marxismo, que considera que las condiciones objetivas deben madurar para que una revolución sea posible, Blanqui apostaba por una conspiración *elitista* que tomara el poder en nombre del pueblo para luego establecer un gobierno revolucionario que reorganizara la sociedad.

No creía en la espontaneidad de las masas ni en el desarrollo *natural* de las condiciones económicas. Su confianza estaba depositada en la voluntad, en la disciplina, en la organización secreta. En palabras suyas: «La revolución no se hace por decreto, se prepara en la sombra».

El modelo revolucionario de Blanqui consistía en la creación de sociedades secretas (como la Sociedad

Rue de Rivolí, arrasada. 24 de mayo de 1871.

de las Familias o la Sociedad de las Estaciones) para preparar insurrecciones; la toma de puntos estratégicos de la ciudad (sobre todo, París), especialmente cuarteles, ayuntamientos y medios de comunicación; y el subsiguiente establecimiento de una dictadura revolucionaria temporal, que aniquilara a la contrarrevolución y estableciera las bases de una república social.

Este modelo fue considerado por muchos como voluntarista, autoritario y utópico, pero también ejerció una enorme influencia en los movimientos revolucionarios posteriores, desde los comunistas hasta los anarquistas y socialistas libertarios.

El núcleo del pensamiento blanquista es un igualitarismo radical. Blanqui defendía la abolición de la propiedad privada, la colectivización de los medios de producción y una república auténticamente popular. En muchos de sus textos, aparece una crítica feroz a la burguesía y al sistema capitalista, al que acusa de explotar, embrutecer y controlar al pueblo. Un ejemplo ilustrativo de ello puede verse en «Quien haga la sopa que se la coma», en donde compara el trabajo por la dominación de los propietarios con la esclavitud, idea que da título a esta obra.

Pero a diferencia de Marx, Blanqui no analizó en profundidad las dinámicas del capitalismo. Tampoco propuso una teoría del valor, ni una teoría económica. Su comunismo era más moral que científico. Le indignaba la desigualdad y deseaba su destrucción inmediata.

En sus escritos más maduros, como *El comunismo, futuro de la sociedad* y *La usura*, plantea que la única vía posible para una sociedad justa es la expropiación de los ricos. También critica duramente a la Iglesia y al Estado como instrumentos de opresión. Su lema: «Ni dios, ni amo», sintetiza esa voluntad de liberar al ser humano de todas las cadenas, materiales y espirituales.

Filosóficamente, Blanqui no desarrolló una doctrina sistemática, pero en su último y más extraño texto —*L'Éternité par les astres* (*La eternidad por los astros*, 1872)— ofrece una reflexión cosmológica que ha desconcertado a muchos: allí plantea que, debido a la infinitud del universo y la finitud de las combinaciones materiales, todo se repite eternamente en infinitos mundos idénticos al nuestro. Esta intuición, anterior a Nietzsche, fue leída como una forma de condena al eterno fracaso de la revolución, pero también como una afirmación melancólica de la persistencia.

Blanqui pasó más de 35 años encarcelado, en condiciones durísimas. Fue arrestado en 1831, 1836,

15

1839, 1848, 1850, 1861 y 1871, entre otras fechas. En total, vivió recluido en 25 prisiones diferentes, desde las mazmorras del Segundo Imperio hasta los hospitales carcelarios de la Tercera República.

Pese a ello, nunca dejó de escribir ni de conspirar. En las cárceles organizaba a los presos, escribía panfletos, analizaba las derrotas revolucionarias. Se convirtió en un símbolo de la constancia revolucionaria, una especie de profeta secular cuya vida estaba consagrada por entero a la causa.

En el imaginario popular, Blanqui representaba la figura del militante puro, incorruptible, cuya autoridad venía no de cargos, sino de su ejemplo personal. Como él mismo escribió: «Nuestra bandera es la igualdad; nuestra arma, la justicia; nuestro medio, la revolución».

Durante la Comuna de París, Blanqui estaba preso. Muchos comuneros lo consideraban un líder natural y su ausencia fue vista como una de las grandes tragedias de la revolución. El gobierno de Versalles lo mantuvo cautivo a sabiendas de que su sola presencia podría galvanizar la resistencia parisina.

En un intento desesperado, la Comuna incluso ofreció intercambiar 74 rehenes (entre ellos, al arzobispo de París) por Blanqui, pero Adolphe Thiers, presidente provisional de la República, se negó. La

16

negativa confirmó que el gobierno temía más a Blanqui que a cualquier ejército insurrecto.

Su exclusión de la Comuna no impidió que muchos de sus seguidores participaran en ella y que el blanquismo fuera una de las principales corrientes dentro del Consejo Comunal. De hecho, algunos lo consideran uno de los «padres ausentes» de la Comuna.

La figura de Blanqui fue tan admirada como criticada. Marx y Engels le reconocieron su valentía y su compromiso, pero rechazaron su estrategia política. En varias cartas y textos, lo acusaron de ser un conspirador sin base popular, un revolucionario sin teoría, un autoritario que confiaba demasiado en las minorías y despreciaba al proletariado organizado.

En el *Manifiesto comunista*, sin nombrarlo, critican el método blanquista cuando hablan de los «socialistas reaccionarios» que piensan que puede hacerse la revolución sin el desarrollo del capitalismo ni la conciencia de clase.

En una carta de 1874, Engels escribía:

«Blanqui es un revolucionario de la vieja escuela, convencido de que una pequeña minoría puede llevar al pueblo a la revolución. Pero ignora la evolución económica y social que Marx ha analizado, y por eso sus esfuerzos están condenados al fracaso».

Incendio de las Tullerías. Léon Sabatier, 1873.

Otras críticas vinieron de los anarquistas, que veían en su modelo de dictadura revolucionaria una forma de autoritarismo *jacobino*, incompatible con la emancipación real. Para Bakunin, por ejemplo, Blanqui era demasiado estatista y confiaba en exceso en una élite ilustrada.

Sin embargo, su legado fue enorme, ya que inspiró a movimientos revolucionarios en toda Europa y fue una figura clave para los socialistas franceses y para el anarquismo insurreccional.

Su figura fue recuperada por Walter Benjamin, quien lo vio como un emblema del tiempo revolucionario, de la interrupción mesiánica de la historia.

Su lema «Ni dios ni amo» ha pasado a ser una consigna clásica del pensamiento libertario y antiautoritario.

En sus últimos años, ya enfermo y cansado, Blanqui siguió escribiendo y participando en la vida política. En 1879, fue elegido diputado por Burdeos, pero la elección fue anulada por el gobierno. Murió el 1 de enero de 1881, en París, a los 75 años, poco después de un mitin en el que había participado, todavía convencido de la necesidad de la revolución.

Miles de personas acudieron a su entierro y Paul Lafargue, yerno de Karl Marx, pronunció un encendido discurso en su honor.

En definitiva, Auguste Blanqui fue, ante todo, un símbolo: el revolucionario incansable, el conspirador fiel a sus principios hasta el final, el preso político por excelencia. Su pensamiento político, aunque limitado en muchos aspectos, sigue interpelando a quienes creen en la urgencia de la acción frente a la espera pasiva.

Fue criticado por autoritario, por voluntarista, por elitista. Y, sin embargo, su figura ha sido reivindicada por numerosos pensadores contemporáneos, desde Benjamin hasta Alain Badiou, como representante de una idea de la revolución no subordinada al cálculo, sino al acto.

Blanqui nunca creyó en el progreso inevitable ni en la historia como redención. Para él, la revolución era una interrupción, un salto, una irrupción violenta contra el orden establecido. Por eso, sigue siendo incómodo.

En «Quien haga la sopa que se la coma», Blanqui argumenta que la riqueza nace de la inteligencia y el trabajo, pero que la tierra y el capital, fundamentales para su creación, han sido apropiados ilegítimamente por una minoría. Esto ha llevado a la explotación de la mayoría trabajadora, que se ve privada de los frutos de su esfuerzo en beneficio de los ociosos. Blanqui compara esta situación con la esclavitud, afirmando que, aunque la forma ha cambiado, la esencia de la servidumbre persiste en la dependencia del trabajador hacia el dueño de los medios de producción.

El autor rechaza la idea de una supuesta solidaridad entre capitalistas y trabajadores, considerándola una falacia que oculta el «duelo a muerte» entre el ingreso del capitalista y el salario. Para Blanqui, la solución reside en la abolición del derecho de propiedad y la implementación de la asociación como base de una sociedad justa e igualitaria, donde los instrumentos de trabajo pertenezcan a quienes los utilizan.

Blanqui, de joven, visto por Amelie Suzanne Serre.

2. QUIEN HAGA LA SOPA QUE SE LA COMA

La riqueza nace de la inteligencia y el trabajo. Pero estas dos fuerzas solo pueden actuar con la ayuda de un elemento pasivo: la tierra, que ponen a trabajar con sus esfuerzos combinados. Parecería, entonces, que este instrumento indispensable debería pertenecer a todos los hombres. Pero no es así.

Algunos individuos se han apropiado de las tierras comunes mediante engaño o violencia, declarándose sus dueños. Han establecido por ley que esas tierras siempre serán suyas, y que el derecho a la propiedad será la base de la constitución social. Es decir, que este derecho primará y, si es necesario, absorberá todos los derechos humanos, incluso el derecho a la vida, si tiene la mala fortuna de entrar en conflicto con el privilegio de unos pocos.

El derecho a la propiedad se ha extendido, por deducción lógica, de la tierra a otros instrumentos: los productos acumulados del trabajo, designados con el nombre genérico de capital. Como el capital, estéril en sí mismo, solo puede fructificar a través del trabajo y, por otro lado, es la materia prima trabajada por las fuerzas sociales, la mayoría, excluida de su posesión, se encuentra condenada al trabajo forzado, para beneficio de la minoría poseedora. Ni los instrumentos ni los frutos del trabajo pertenecen a los trabajadores, sino a los ociosos. Las ramas glotonas absorben la savia del árbol, en detrimento de las ramas fértiles. Los abejorros devoran la miel creada por las abejas.

Así es nuestro orden social, fundado en la conquista, que ha dividido a las poblaciones en vencedores y vencidos. La consecuencia lógica de tal organización es la esclavitud. Y no tuvimos que esperar mucho para su llegada. De hecho, al adquirir la tierra valor solo con el cultivo, los privilegiados han llegado a la conclusión de que, gracias al derecho a poseer la tierra, también tienen el de poseer el ganado humano que la hace fértil. En un principio, lo consideraron un complemento de su dominio, pero, al final, lo ven como propiedad personal, independiente de la tierra.

Sin embargo, el principio de igualdad, grabado en lo más profundo del corazón, y que conspira, con los siglos, para destruir la explotación del hombre por el hombre en todas sus formas, asestó el primer golpe al sacrílego derecho a la propiedad al acabar con la esclavitud. El privilegio se vio obligado a reducirse a la posesión de hombres no como bienes muebles, sino como bienes inmuebles auxiliares e inseparables de la propiedad de la tierra.

En el siglo XVI, un renacimiento mortal de la opresión trajo consigo la esclavitud de los negros; y aún hoy, los habitantes de una tierra que se precia de ser francesa poseen hombres de la misma manera que poseen ropa y caballos. De hecho, hay menos diferencia de lo que parece a simple vista entre nuestro Estado y el de las colonias. Después de dieciocho siglos de guerra entre privilegio e igualdad, la patria, escenario y principal defensora de esta lucha, no pudo soportar la esclavitud en su brutalidad desnuda. Pero el hecho existe de nombre, y el derecho a la propiedad, aunque más hipócrita en París que en Martinica, no es menos inflexible ni menos opresivo.

De hecho, la servidumbre no consiste únicamente en ser propiedad de un hombre o siervo de un señor. No es libre quien, privado de los instrumentos de trabajo, está a merced de los privilegiados que son sus dueños. Este es el estado que alimenta la revuelta. Para exorcizar este peligro, intentan reconciliar a Caín con Abel. De la necesidad del capital como instrumento de trabajo, pasan a concluir la comunidad de intereses, y luego la solidaridad entre el capitalista y el trabajador. ¡Cuántas frases artísticamente bordadas

27

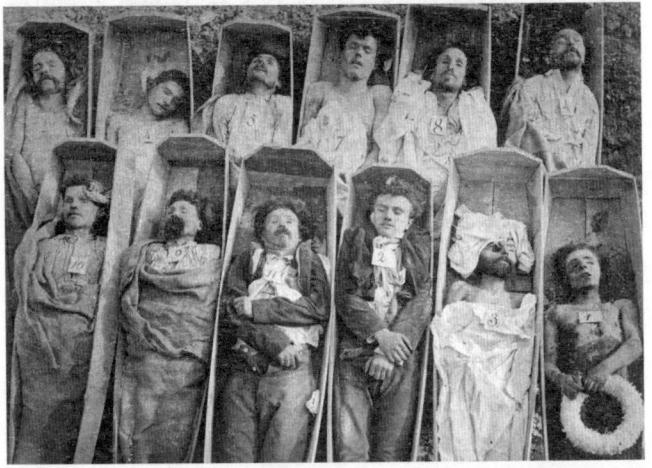

Arriba, *Gran Sala del Consejo de Estado*, por Charles Soulier, 1871. Abajo, comuneros fusilados, por André Adolphe Eugène Disdéri.

hay sobre este lienzo! Al cordero se le esquila por su propia salud. Debe dar las gracias. Nuestros Esculapios saben cómo endulzar la píldora.

Todavía hay algunos que se dejan engañar por estas homilías, pero son pocos. Cada día la luz brilla más intensamente sobre esta supuesta asociación del parásito y su víctima. Pero los hechos son elocuentes; prueban el duelo, el duelo a muerte, entre el ingreso y el salario. Es una cuestión de justicia y sentido común. Examinemos la situación.

¡No hay sociedad sin trabajo! Es más, no existen ociosos que no necesiten trabajadores. Pero, ¿qué necesidad tienen los trabajadores de los ociosos? ¿El capital solo es productivo en manos de los trabajadores a condición de que no les pertenezca? Me imagino al proletariado, desertando en masa, llevando sus herramientas y su trabajo a alguna tierra lejana. ¿Moriría por casualidad debido a la ausencia de sus amos? ¿Puede la nueva sociedad surgir solo creando señores de la tierra y del capital, entregando a una casta de ociosos la propiedad de todos los instrumentos de trabajo? ¿No es posible otro mecanismo social que esta división entre propietarios y asalariados?

Por otro lado, qué curioso sería ver la expresión en los rostros de nuestros orgullosos señores abandonados por sus esclavos. ¿Qué harían con sus palacios, sus talleres, sus campos desiertos? ¿Morirían de hambre en medio de sus riquezas, o se pondrían ropa de trabajo, tomarían el pico y, a su vez, sudarían humildemente en alguna parcela de tierra? ¿Cuánto cultivarían entre todos?

Pero un pueblo de 32 millones de almas no se retira al Monte Aventino. Tomemos entonces la hipótesis opuesta y más realizable. Un buen día, los ociosos evacúan el suelo de Francia, que permanece en manos de los trabajadores. ¡Un día de felicidad y triunfo! ¡Qué inmenso alivio para tantos pechos, liberados del peso que los aplasta! Con qué libertad respira esta multitud. ¡Ciudadanos, cantad a coro el canto de la liberación!

Axioma: la nación se empobrece con la muerte de un trabajador; se enriquece con la de un ocioso. La muerte de un hombre rico es un beneficio.

¡Sí! El derecho de propiedad está en declive. Espíritus generosos profetizan y claman por su caída. El principio esenio de la realidad lo ha minado lentamente a lo largo de dieciocho siglos a través de la abolición sucesiva de las diversas servidumbres que sirvieron de base a su poder. Desaparecerá un día, junto con los últimos privilegios que le sirven de refugio y guarida. El pasado y el presente nos garantizan esta resolución. Porque la humanidad nunca está

30

estancada. O avanza o retrocede. Su marcha progresiva la llevó a la igualdad. Su marcha hacia atrás asciende, por todos los escalones del privilegio, a la esclavitud personal, la última palabra en el derecho de propiedad. Sin duda, antes de volver allí, la civilización europea habría perecido. ¿Pero por qué catástrofe? ¿Una invasión rusa? Al contrario, es el norte el que será invadido por el principio de igualdad que los franceses traen en la conquista de las naciones. El futuro no está en duda.

Debemos decir de inmediato que la igualdad no consiste en el reparto de la tierra. La división de la tierra realmente no cambiará nada con respecto al derecho de propiedad. Al crecer la riqueza de la posesión de los instrumentos de trabajo, en lugar de por el trabajo mismo, el espíritu de explotación que queda en pie sabría pronto, a través de la reconstrucción de grandes fortunas, cómo restaurar la desigualdad social.

Solo la asociación, en lugar de la propiedad privada, servirá como base para el reinado de la justicia a través de la igualdad. Esta es la base del creciente ardor de los hombres del futuro por clarificar y destacar los elementos de la asociación. Nosotros también, quizás, aportaremos nuestro contingente a la tarea común.

3. CRÍTICA DE ENGELS

Después de cada revolución o contrarrevolución fallida, los emigrados que han huido al extranjero despliegan una actividad febril. Se fundan agrupaciones políticas de diversas tendencias, cada una de las cuales acusa a las otras de haber empantanado la causa, las tilda de traidoras y de todos los pecados capitales. Mientras tanto, mantienen un contacto estrecho con su país de origen, se organizan, conspiran, publican panfletos y periódicos, y aseguran que todo «volverá a empezar» en veinticuatro horas, que la victoria es segura, hasta el punto de repartirse por anticipado los cargos gubernamentales. Por supuesto, se va de desilusión en desilusión y, como no se vinculan las derrotas a las condiciones históricas —que se niegan a entender—, sino que se atribuyen a errores fortuitos de individuos concretos, las acusaciones mutuas se acumulan y todo termina en una pelea general. Esta es la historia de todas las emigraciones, desde los realistas de 1792 hasta nuestros días; aquellos que conservan la cabeza fría y algo de buen juicio intentan alejarse de esas disputas estériles tan pronto como

Ejecución de comuneros, por Alphonse Leroy y
Henri Félix Philippoteaux.

pueden hacerlo con algo de tacto, y emprenden algo mejor.

La emigración francesa después de la Comuna no escapó a este destino.

A raíz de la campaña de calumnias que se abatió sobre todos ellos por toda Europa —y especialmente en Londres, donde se encontraba el Consejo General de la Internacional—, lograron durante un tiempo reprimir sus disputas internas, aunque solo fuera de cara al mundo exterior. Pero en los dos últimos años ya no han podido ocultar su descomposición acelerada. Por todas partes se ha desatado una hostilidad abierta. En Suiza, una parte de los emigrados, especialmente bajo la influencia de Malon —él mismo uno de los fundadores de la Alianza Secreta—, se unió a los bakuninistas. Luego, en Londres, los llamados blanquistas se separaron de la Internacional y formaron un grupo autónomo llamado Comuna Revolucionaria. Después surgieron muchos otros grupos, que, sin embargo, permanecieron en un estado de transformación y reorganización perpetua y no hicieron nada digno de mención, ni siquiera en materia de manifiestos. Los blanquistas, en cambio, acaban de dar a conocer su programa al mundo entero mediante una proclamación a los *comuneros*.

Si se llaman blanquistas no es porque representen un grupo fundado por Blanqui —de los treinta y tres firmantes del programa, apenas dos o tres han hablado alguna vez con él—, sino porque quieren actuar según su espíritu y tradición. Blanqui es esencialmente un revolucionario político; socialista solo por sentimiento, por simpatía hacia el sufrimiento del pueblo, pero sin teoría socialista ni proyectos prácticos de transformación social. En su actividad política fue ante todo un «hombre de acción», convencido de que una pequeña minoría bien organizada, aprovechando el momento oportuno, podía lanzar un golpe revolucionario, arrastrar con algunos éxitos iniciales a las masas populares y así lograr una revolución victoriosa. Bajo Luis Felipe, ese núcleo solo podía formarse como sociedad secreta y el resultado fue el habitual de las conspiraciones: la gente, cansada de contenerse y de oír que «ya casi llega el momento», pierde la paciencia, se subleva, y se plantea la disyuntiva: o dejar que la conspiración se disuelva o lanzar una insurrección sin motivo real. Se optó por lo segundo (12 de mayo de 1839) y fue sofocada de inmediato. Por lo demás, esa fue la única conjura de Blanqui en la que la policía no logró infiltrarse; el golpe los tomó completamente por sorpresa. De la idea blanquista de que toda revolución es obra de una pequeña minoría se

Arriba, *Últimos combates en Père-Lachaise. Le monde illustré,* 1871. Abajo, derribo de la Columna Vendôme.

desprende automáticamente la necesidad de una dictadura tras el éxito de la insurrección: una dictadura que, por supuesto, no es ejercida por toda la clase revolucionaria —el proletariado—, sino por el pequeño grupo que llevó a cabo el golpe, el cual, a su vez, está sometido desde el principio a la dictadura de una o varias personas.

Está claro que Blanqui es un revolucionario de una generación anterior.

Estas ideas sobre el curso de los acontecimientos revolucionarios están completamente superadas, al menos para el partido obrero alemán, y aun en Francia solo pueden atraer a los obreros menos maduros o más impacientes. Veremos también que en el programa en cuestión esas ideas han sufrido ciertas restricciones. Pero nuestros blanquistas londinenses parten del mismo principio: que las revoluciones no estallan por sí mismas, que son obra de una minoría bastante pequeña que actúa según un plan preconcebido, y que todo va a «comenzar pronto», de un momento a otro.

Quienes piensan así son, evidentemente, presa fácil de cualquier ilusión de emigrado y tienden a cometer necedades. Quieren desempeñar el papel de Blanqui, el de «hombres de acción». Pero la buena voluntad no basta; el instinto revolucionario de Blanqui, su determinación, no son dones

Revolucionarios en una barricada, marzo de 1871.

que todos reciban, y Hamlet puede hablar cuanto quiera de energía, pero seguirá siendo Hamlet. Y cuando nuestros treinta y tres hombres de acción no tienen absolutamente nada que hacer en su campo —el de la insurrección revolucionaria—, estos treinta y tres *Bruto* caen en una contradicción interna más cómica que trágica. No se vuelve trágica por el hecho de que paseen con aire lúgubre como si fueran «moros con un puñal escondido bajo la ropa» —algo que, por lo demás, ni se les ocurriría intentar—. ¿Qué pueden hacer entonces? Preparan la próxima «explosión», elaboran listas de proscripción para depurar a los que participaron en la Comuna. Por eso los demás emigrados los llaman los puros. Ignoro si aceptan ese nombre, pero a algunos no les sentaría nada bien. Se reúnen a puerta cerrada, sus decisiones deben mantenerse en secreto, lo cual no impide que todo el barrio francés las conozca al día siguiente. Y, como ocurre siempre con estos hombres de acción serios que no tienen nada que hacer, han entablado una disputa —primero personal y luego literaria— con un adversario digno de ellos: uno de los personajes más turbios de la prensa parisina menor, cierto Vermersch, editor durante la Comuna del *Père Duchêne*, triste parodia del periódico de Hébert en 1793.

En respuesta a la indignación virtuosa de los blanquistas, ese noble caballero los califica a todos, en un panfleto, de «ladrones o cómplices de ladrones» y les arroja una colección muy variada de injurias obscenas:

«Cada palabra es un orinal bien lleno.»

¡Y con ese adversario deciden enfrentarse públicamente los treinta y tres *Bruto*! Lo que está fuera de duda es que, después de una guerra agotadora, del sitio de París y, sobre todo, de la horrible masacre de mayo de 1871, el proletariado parisino necesita un largo respiro para recobrar fuerzas, y que todo intento prematuro de insurrección puede llevar a una nueva derrota, quizá aún más espantosa. Nuestros blanquistas no opinan lo mismo. Según ellos, la descomposición de la mayoría monárquica en Versalles anuncia:

«La caída de Versalles, la revancha de la Comuna. Porque estamos llegando a uno de esos grandes momentos históricos, a una de esas grandes crisis, en que el pueblo, cuando parece hundido en su miseria y detenido en la muerte, retoma con renovado vigor su marcha revolucionaria.»

Así pues, todo vuelve a empezar, de inmediato. Esta esperanza de una «revancha inmediata de la Comuna» no es una simple ilusión de emigrado; es

42

un símbolo de fe indispensable para quienes se han empeñado en ser «hombres de acción» en un momento en que no hay absolutamente nada que hacer en el campo de la insurrección revolucionaria.

Tanto peor. Como las cosas «empiezan», ellos sienten que:

«Ha llegado el momento en que todos los emigrados que conserven algo de vida deben tomar posición.»

Y los treinta y tres nos declaran que son: ateos, comunistas y revolucionarios.

Nuestros blanquistas comparten con los bakuninistas la pretensión de representar la corriente más avanzada, más extrema. Por eso, aunque sus fines sean opuestos, a menudo utilizan medios similares. Se trata entonces de ser más radicales que todos los demás en cuanto al ateísmo. Afortunadamente, ser ateo hoy ya no es ninguna hazaña.

El ateísmo es casi una obviedad en los partidos obreros europeos, aunque en ciertos países aún adopte formas pintorescas, como la del bakuninista español que decía: «Creer en Dios es contrario a todo socialismo, pero creer en la Virgen es otra cosa: todo socialista que se respete debe creer en ella». De hecho, para la gran mayoría de los obreros socialdemócratas alemanes, el ateísmo es ya una etapa superada; esa definición puramente negativa ya no se aplica a ellos, porque se oponen a la religión de forma práctica, no solo teórica. Han terminado con Dios, viven y piensan en el mundo real y por eso son materialistas. Lo mismo sucede, probablemente, en Francia. De no ser así, ¿qué más fácil que difundir entre los obreros la excelente literatura materialista del siglo XVIII, que —por su forma y su contenido— sigue siendo una obra maestra del espíritu francés, notable aún hoy por su claridad, su agudeza y su fuerza, pese a los límites científicos de su época? Pero eso no les basta a los blanquistas. Para demostrar que son los más radicales, deciden abolir a Dios por decreto, como en 1793:

«Que la Comuna libere para siempre a la humanidad de ese espectro de sus miserias pasadas (Dios), de esa causa (¡Dios inexistente sería una causa!) de sus miserias presentes. En la Comuna no hay lugar para el sacerdote; toda manifestación, toda organización religiosa debe ser proscrita.»

Y esta exigencia de convertir a la gente en atea por orden de un «muftí» está firmada por dos miembros de la Comuna que, sin duda, tuvieron ocasión de comprobar que: se puede escribir cualquier orden en el papel sin asegurar su cumplimiento; y que la persecución es el mejor medio para fortalecer las creencias que se quieren erradicar. Lo único que se puede hacer hoy por Dios es proclamar el ateísmo como una fe obligatoria y superar las leyes anticlericales del *Kulturkampf* de Bismarck prohibiendo la religión en general.

El segundo punto del programa es el comunismo.

Aquí estamos en terreno conocido, pues la nave en la que se embarcan lleva por nombre *Manifiesto del Partido Comunista*, publicado en febrero de 1848. Ya en otoño de 1872, cinco blanquistas que abandonaron la Internacional se declararon partidarios de un programa socialista que coincidía en todos los puntos esenciales con el comunismo alemán actual; se retiraron simplemente porque la Internacional se negaba a «jugar a la revolución» como ellos querían. Hoy, el consejo de los treinta y tres adopta ese programa, con toda su concepción materialista de la historia, aunque la traducción blanquista al francés deja mucho que desear en los pasajes donde no se ha copiado casi textualmente el texto del *Manifiesto*, como, por ejemplo, en este fragmento:

«Última expresión de todas las formas de servidumbre, la burguesía ha despojado la explotación del trabajo de los velos místicos que la oscurecían; gobiernos, religiones, familia, leyes, instituciones pasadas y presentes, se han revelado en esta sociedad reducida a los términos simples de capitalistas y asalariados como instrumentos de opresión con los que la burguesía mantiene su dominio y somete al proletariado.»

Compárese con el primer párrafo del *Manifiesto Comunista*:

«En resumen: en lugar de la explotación velada por ilusiones religiosas y políticas, ha establecido una explotación abierta, cínica, directa y brutal. La burguesía ha arrancado a todas las actividades, hasta entonces consideradas venerables y contempladas con piadoso respeto, su aureola sagrada. El médico, el jurista, el sacerdote, el poeta, el sabio, se han convertido en simples asalariados a su servicio. La burguesía ha desgarrado el velo sentimental que recubría las relaciones familiares y las ha reducido a simples relaciones monetarias.»

Pero tan pronto bajamos de la teoría a la práctica, se revela el rasgo distintivo de los treinta y tres:

«Somos comunistas porque queremos alcanzar ese fin sin detenernos en etapas intermedias ni en compromisos que, aplazando la victoria, prolongan la esclavitud.»

Los comunistas alemanes son comunistas porque, a través de las etapas intermedias y de los compromisos que impone el desarrollo histórico —y no su voluntad—, ven claramente y persiguen constantemente el objetivo final: la supresión de las clases y el establecimiento de un régimen social donde no haya lugar para la propiedad privada del suelo ni de los medios de producción. Los treinta y tres blanquistas son comunistas porque imaginan que, dado que desean saltarse las etapas intermedias y los compromisos, el asunto está resuelto, y que si «todo empieza» un día de estos —lo cual dan por hecho— y toman el poder, entonces «el comunismo se instaurará» al día siguiente. Por tanto, si no es posible hacerlo de inmediato, ya no son comunistas.

¡Qué ingenuidad infantil presentar su impaciencia como argumento teórico!

Por último, nuestros treinta y tres son «revolucionarios».

En cuanto a palabras rimbombantes, los bakuninistas han alcanzado ya el límite de lo posible; sin embargo, nuestros blanquistas consideran su deber superarlos. ¿Y cómo lo hacen? Es sabido que todo el proletariado socialista —de Lisboa y Nueva York a Budapest y Belgrado— asumió colectivamente la responsabilidad de los actos de la Comuna de París. Pero eso no es suficiente para los blanquistas:

«Por nuestra parte, reivindicamos nuestra cuota de responsabilidad en esos actos justicieros que [bajo

El Ayuntamiento después de la Comuna. Hippolyte-Auguste Collard, 1871.

Ruinas de París tras la revolución. Abajo, restos
del Palacio de las Tullerías.

la Comuna] golpearon a los enemigos del pueblo» (sigue la lista de fusilados), «reivindicamos nuestra parte de responsabilidad en esos incendios que destruían instrumentos de opresión monárquica y burguesa o protegían a los combatientes.»

En toda revolución, como en cualquier otra época, se cometen necesariamente muchas tonterías. Y cuando la gente se calma lo suficiente como para volver a tener juicio crítico, admite inevitablemente haber hecho muchas cosas que habría sido mejor evitar y no haber hecho muchas que hubiera sido esencial realizar. Esa es la razón por la cual todo salió tan mal.

Pero ¡qué falta de autocrítica es necesaria para canonizar a la Comuna, declararla infalible y sostener que, por cada casa incendiada o rehén fusilado, se actuó con total corrección y sin el menor error! ¿No equivale eso a afirmar que, durante la semana de mayo, el pueblo solo fusiló a quienes lo merecían y no uno más, y solo quemó los edificios que debían ser quemados y no uno más? ¿No es lo mismo que sostener que, durante la primera Revolución Francesa, todo guillotinado recibió su merecido —empezando por los enviados al cadalso por orden de Robespierre y terminando por Robespierre mismo? Así es como se cae en el infantilismo más grotesco

El Ayuntamiento, durante la proclamación de la
Comuna, arriba, y durante su incendio.

cuando personas pacíficas por naturaleza se esfuerzan en parecer temibles.

Basta. Pese a todas estas necedades de emigrado y a estos intentos ridículos de dar un aire feroz al pequeño Charles (¿o Edouard?), no puede dejar de reconocerse que este programa representa un gran paso adelante. Es el primer manifiesto en el que obreros franceses se adhieren al comunismo alemán moderno. Y, además, se trata de obreros pertenecientes a una corriente que ve en los franceses el pueblo elegido de la revolución y en París, su Jerusalén. El mérito de esta evolución corresponde sin duda a Vaillant, cuya firma aparece entre las demás al pie del manifiesto y que, como es sabido, conoce a fondo el alemán y la literatura socialista alemana. En cuanto a los obreros socialistas alemanes —que demostraron en 1870 estar por completo libres de chovinismo—, pueden ver como una buena señal que obreros franceses adopten teorías correctas incluso si provienen de Alemania.

Crítica a los blanquistas, Friedrich Engels.
Der Volksstaat, 15 de junio de 1874.

4. CRÍTICA DE MARX

«En lo que respecta a nuestro partido, puede resumirse en una sola fórmula: la fuerza motriz de la historia es la lucha de clases; la transformación del orden social existente mediante el derrocamiento de la clase dominante, la cual se organiza como producto de esa lucha de clases; la abolición de las clases y el establecimiento de una sociedad sin clases. En cuanto a los blanquistas: son comunistas solo por instinto. Su doctrina es que la revolución es obra de una pequeña minoría revolucionaria que derroca con un golpe repentino al sistema dominante. Rechazan el movimiento político de la clase obrera y quieren la dictadura de un pequeño número de personas en nombre del proletariado. La llamada dictadura del proletariado no es para ellos el gobierno de la clase obrera, sino la dictadura de unos pocos líderes revolucionarios que toman el poder mediante un golpe de Estado.»

Esta es la declaración más clara e inequívoca en la que Karl Marx mostró su parecer sobre el blanquismo, parecer coincidente con el ya expresado por Friedrich Engels.

La referencia de Marx arriba citada viene recogida en su «Carta a Friedrich Bolte», fechada el 23 de noviembre de 1871[1].

En ella, Marx denuncia el elitismo conspirativo del blanquismo, fundado en la idea de que una vanguardia puede hacer la revolución sin el proletariado organizado. Esto se opone a la visión marxista de Marx y Engels, quienes entienden la revolución como resultado del conflicto estructural entre clases sociales, no de actos voluntaristas.

Organización de clase vs. autoritarismo revolucionario: Marx distingue entre una dictadura de clase, como la que él y Engels defienden (es decir, el poder organizado del proletariado), y una dictadura de la minoría, ejercida «en nombre del pueblo» pero sin participación del pueblo.

En otras palabras, Marx acusa a los blanquistas de sustituir al sujeto revolucionario real (la clase trabajadora) por una élite autoproclamada. Este cierre es lapidario: Marx afirma que lo que los blanquistas llaman «dictadura del proletariado» es, en realidad, una mistificación del poder revolucionario,

---

1. Marx/Engels Collected Works, vol. 44. Algunas ediciones españolas incluyen la carta bajo el título «Sobre los blanquistas y la acción de clase».

L.A. BLANQUI.
1805 — 1881.

En la imagen superior, destrucción de la rue Royale durante la insurrección de París. Abajo, imagen mortuoria del rostro del pensador francés.

una forma de gobierno autoritaria sin base en la voluntad ni en la acción de las masas. Marx subraya que la participación activa y democrática del proletariado es indispensable, no negociable.

La carta fue escrita seis meses después de la caída de la Comuna de París, cuando los debates sobre su significado y el papel del blanquismo estaban en plena ebullición. Friedrich Bolte era un militante alemán vinculado a la Internacional y Marx le respondía con su carta para clarificar el rumbo ideológico del movimiento, distinguiéndolo claramente del blanquismo.

La crítica también respondía a tensiones internas: en ese momento, varios sectores dentro de la AIT (Asociación Internacional de los Trabajadores) defendían métodos más autoritarios y conspirativos, lo que Marx y Engels rechazaban rotundamente.

Otro texto en el que Marx hace referencia a las tesis blanquistas se encuentra recogido en «La guerra civil en Francia» (1871). Redactado por Marx en nombre del Consejo General de la AIT, no menciona a Blanqui directamente, pero implica una crítica a su método.

Marx elogia a la Comuna por su carácter democrático y de autogobierno proletario, contraponiéndola implícitamente al modelo de dictadura centralizada que proponía Blanqui.

Fusilamiento de comuneros por las tropas de Thiers, cerca del Ayuntamiento. Frédéric Lix, *L'Illustration,*1871.

«La clase obrera no puede limitarse a tomar simplemente la máquina estatal existente y manejarla para sus propios fines», concluye Marx en «La guerra civil en Francia».

Javier Fernández Rubio

ÍNDICE

❀